TPM
TENDÊNCIA PARA MATAR

Bruna Gasgon

TPM
TENDÊNCIA PARA MATAR

Para você, mulher, que sabe exatamente
o que eu quero dizer com isso.

Jardim dos Livros

TPM – TENDÊNCIA PARA MATAR

PARA VOCÊ, MULHER, QUE SABE EXATAMENTE O QUE EU QUERO DIZER COM ISSO

Copyright © 2011 by Bruna Gasgon

1ª edição – Agosto de 2011

Grafia atualizada segundo o Acordo Ortográfico da Língua Portuguesa
de 1990, que entrou em vigor no Brasil em 2009.

Editor e Publisher
Luiz Fernando Emediato

Diretora Editorial
Fernanda Emediato

Produtora Editorial
Renata da Silva

Capa e Ilustração
Osvaldo Pavanelli

Projeto Gráfico
Alan Maia

Diagramação
Kauan Sales

Preparação de Texto
Gabriel Senador Kwak

Revisão
Josias A. Andrade
Marcia Benjamim

DADOS INTERNACIONAIS DE CATALOGAÇÃO NA PUBLICAÇÃO (CIP)
(Câmara Brasileira do Livro, SP, Brasil)

Gasgon, Bruna
TPM : tendência para matar / Bruna Gasgon. --
São Paulo : Jardim dos Livros, 2011. --
(Mulheres no comando)

ISBN 978-85-63420-07-7

1. Emoções - Aspectos fisiológicos 2. Hormônios femininos -
Aspectos endócrinos 3. Mulheres - Aspectos psicológicos
4. Mulheres - Comportamento 5. Relações interpessoais
6. Síndrome pré-menstrual I. Título. II. Série.

11-07695	CDD: 155.633

Índices para catálogo sistemático

1. Mulheres com TPM : Mudança de comportamento : Psicologia   155.633

JARDIM DOS LIVROS

Rua Gomes Freire, 225/229 – Lapa
CEP: 05075-010 – São Paulo – SP
Telefax.: (11) 3256-4444
Email: jardimlivros@terra.com.br
www.geracaoeditorial.com.br

2011
Impresso no Brasil
Printed in Brazil

Para Adriana.

SUMÁRIO

PREFÁCIO 11

1. Hormônios Assassinos 15

2. TPM ao Pé da Letra 19

3. Não aconteceu nada do
   que minha mãe falou 33

4. Você pode matar pelo menos uma pessoa ... 41

5. Quando os absorventes eram
   do tamanho de um Fusca 45

6. Parecia tráfico de drogas 51

7. Inimiga íntima 57

8. Avise as pessoas ao seu redor 61

9. A opção de não menstruar 69

10. Os absurdos que passamos
para cuidar da saúde 75

11. Quando os hormônios assassinos morrem ...87

CONCLUSÃO:

Mulher sangra a vida toda e não morre......93

PREFÁCIO

Querida leitora,

Embora eu vá tratar neste livro de algumas questões exclusivamente femininas, acho fundamental que os homens também o leiam; portanto, você deve emprestá-lo, ou dar de presente, ao seu namorado, marido, amante e também para seus colegas de trabalho.

É importante que os homens conheçam nossa trajetória hormonal, e como ela altera nosso humor, nossas atitudes e até nossa personalidade em um curto período.

Obviamente não vou falar somente de Tensão Pré-Menstrual, e o título do livro — embora ácido e jocoso —, é obviamente simbólico e tem um significado muito mais amplo do que possa parecer. Pretendo falar de relações interpessoais e do estranho comportamento feminino em algumas situações.

Somente as mulheres sabem o que é lidar com sangramentos desagradáveis, cólicas, enxaquecas, enjoos, displasia, cistos, miomas, fibromas, inchaços, pólipos, altos e baixos de humor, e todas as consequências do fim de tudo isso, quando acabam, por volta dos 50 anos de idade.

Sem falar em todos os "maravilhosos" exames de rotina que têm que fazer ao longo da vida.

Os homens dizem que as mulheres ficam insuportáveis em certo período do mês. Concordo. Entretanto, é muito fácil se queixar de uma mulher quando não se tem que passar por nenhuma dessas coisas. Os homens são insuportáveis o ano todo, independentemente de qualquer problema hormonal.

Sabemos que não existe uma mulher igual a outra. Sabemos, também, que cada uma tem comportamentos, sintomas e sensações diferentes antes e durante o ciclo menstrual, assim como diferentes formas de lidar com todos esses troféus que a vida nos dá.

Tenho plena certeza que se cada homem que vive sobre a face da Terra pudesse "ser uma mulher de verdade" por apenas um mês, vivenciando intensamente o que a mulher enfrenta — depois dessa experiência —, os namoros seriam mais divertidos; os casamentos, mais duradouros; o sexo, mais gostoso; as amizades, mais interessantes; a competição no trabalho, mais leal; enfim, haveria mais humanidade no planeta.

Proponho que saibamos também entender umas às outras, pois não são somente os homens que se queixam das mulheres e perdem a paciência com elas. Mulheres se queixam entre si quando estão mais sensíveis. Repare quando duas mulheres estão discutindo acaloradamente. Sempre uma infeliz vai dizer para a outra: "Sua louca, cala a boca! Você só pode estar de TPM"! Isso é absurdo! É muita falta de solidariedade!

Se você nasceu até os anos 50, vai se identificar com o que vai ler e lembrar-se de passagens constrangedoras, desagradáveis e até hilárias de sua vida. E você, que nasceu depois dessa época, vai constatar que era uma dureza ser mulher no passado.

Este livro, portanto, é para homens e mulheres de todas as idades, que desejam entender melhor uns aos outros, pois sempre há o que descobrir e melhorar.

Bem, vamos ao que interessa.

Bruna Gasgon

CAPÍTULO 1
Hormônios Assassinos

As pessoas não acreditam, pensam que é lenda ou exagero, mas quando acontece um desequilíbrio hormonal dentro de uma mulher, saiam da frente. Pode ser na adolescência, antes da primeira menstruação; pode ser na TPM, na gravidez ou na menopausa. Só sei que parece que estamos possuídas por uma entidade que toma conta de nosso corpo, de nossos pensamentos e atitudes. Não temos domínio sobre a situação. É a revolta dos Hormônios Assassinos. Parece piada, mas é seriíssimo.

Milhares de mulheres já quebraram a casa toda, tiveram ataques no trabalho, agrediram os maridos, fizeram escândalos no trânsito, cometeram assassinatos ou, pelo menos, tentaram. Ficaram irritadas porque alguém lhes disse: "Bom dia". Choraram sem saber o porquê, e tudo por causa do desequilíbrio hormonal.

Quando cometem um crime de lesão corporal contra seus maridos a gente até entende, pois o fulano, com toda certeza, era um beócio e deu uma "ajudinha" para merecer o ataque dos Hormônios Assassinos. Algumas situações nos deixam mesmo com Tendência Para Matar.

Na Idade Média as pessoas costumavam chamar um exorcista em casos como esses, pois a ciência ainda estava engatinhando nas questões femininas.

Na adolescência, quando começa a dança dos hormônios, mesmo antes da primeira menstruação, a garota pensa que vai pirar. Acha que todos estão contra ela, que ninguém a entende, detesta seus pais, se acha gorda, fica louca da vida por causa de uma espinha, se tranca no quarto durante dias e, muitas vezes, fica de mal com o mundo.

Quando eu tinha cerca de 13 anos vivia irritada, brigava todo o tempo com minha irmã e com meu irmão. Era a filha do meio, e isso por si só já consistia em um problema grave para mim. Um dia tive um ataque de mau humor e irritação gigantes por causa de NADA.

Lembro-me que minha mãe me chamou em um canto, e com um jeito carinhoso, porém misterioso, me falou no ouvido: "Calma, minha filha, um dia tudo isso vai passar e você vai se acalmar". Mas não disse o que era nem por que ia passar.

Naquela época, infelizmente, ninguém conversava com a gente sobre alterações hormonais. Nem nossa mãe, nem tampouco nossas amigas, irmãs e primas mais velhas que já sabiam do "babado". Nossas professoras, então, nem pensar! (No meu caso as professoras eram todas freiras.)

Eu não entendi exatamente o que minha mãe quis dizer com aquilo; mas, mesmo sentindo um "ar de coisa proibida", não perguntei nada e continuei agindo como o incrível Hulk.

Por intuição achava que talvez tudo aquilo pudesse ter a ver com minha menstruação, que até aquela altura não havia se manifestado, mas não sabia que isso estava diretamente ligado à minha irritação e agressividade. Nem sabia que existiam hormônios, muito menos que fossem assassinos.

Você se sente a última das pessoas quando todas as suas amigas, inclusive as mais novas, já ficaram "mocinhas" e você não. Enquanto todas já se vangloriavam de suas menstruações e sentiam-se "adultas" eu, até os 14 anos, ainda era considerada criança. Sentia-me pior ainda e ficava mais irritada do que nunca.

Eu queria morrer de tristeza: era magérrima, não tinha um corpo delineado, meu sutiã era tamanho zero com bojo, passava o tempo todo irritada e não ficava menstruada de jeito nenhum.

Demorou muito, e só aconteceu um mês depois que fiz 14 anos. Veio muito tarde, para minha tristeza, pois a mulher só se desenvolve de verdade após a primeira menstruação. Nunca pensei que iria desejar tanto ver meu próprio sangue.

Para conhecer a minha luta para "ganhar corpo" e conseguir deixar de ser aquela magrela que eu era, leia meu livro *Enfim magra, e agora?*.

CAPÍTULO 2

TPM ao Pé da Letra

Aviso: *se você estiver de TPM, não leia este capítulo agora.*

A observação de que as mulheres experimentavam maior incidência de cefaleia, queixas somáticas e aumento de tensão no período pré-menstrual remonta aos tempos de Hipócrates e da escola da Grécia Antiga. O ciclo menstrual da mulher tem sido assim relacionado desde os primórdios da medicina ao surgimento, ou exacerbação, de vários distúrbios psíquicos, desde o simples aumento da ansiedade e irritabilidade, até o surgimento de delírios e ideações suicidas.

A gente fala sempre em TPM, mas vale lembrar que antigamente o termo mais comum era SPM — Síndrome Pré-Menstrual —, cujos principais sintomas físicos identificados eram as mamas intumescidas e doloridas (mastalgia), cefaleia (dor de cabeça) e alterações do humor, os quais acometiam cerca de 80% das mulheres durante três a 10 dias anteriores à menstruação.

As primeiras descrições do problema sob a denominação de TPM — Tensão Pré-Menstrual — apareceram em 1931, quando se notava que as mulheres na última fase do ciclo menstrual experimentavam tensão emocional e desconforto físico. Foram aventadas teorias psicológicas para explicar o fenômeno, incluindo condições neuróticas de identidade feminina e conflitos estressores como a base desse transtorno.

A partir da quarta edição do *Manual Diagnóstico e Estatístico de Doenças Mentais* ou *DSM-IV* (*Diagnostic and Statistical Manual of Mental Disorders — Fourth Edition*) publicado em 1994, pela APA (Associação Psiquiátrica Americana), este distúrbio passou a se chamar TDPM (Transtorno Disfórico Pré-Menstrual). Que nome horrível!

Nesta classificação o TDPM está incluído em Transtornos Depressivos sem outra especificação. Digamos que TDPM é uma TPM de TPM, entendeu?

O TDPM deve ser diferenciado da TPM, termo primariamente reservado para sintomas físicos moderados anteriormente descritos, acrescidos de leves variações de humor.

Torna-se importante diferenciar o TDPM também da amplificação de sintomas de outras doenças psiquiátricas ou clínicas concorrentes.

O TDPM caracteriza-se por:

1) Recorrência cíclica durante a fase lútea de sintomas de humor e comportamentais em primeira instância; e somáticos, sendo a depressão, a ansiedade, a instabilidade afetiva, a tensão, a irritabilidade, a ira, os distúrbios do sono e do apetite, os mais frequentes.

2) Sintomas severos o suficiente para o comprometimento do funcionamento social, ocupacional e escolar.

3) Sintomas relacionados diretamente às fases do ciclo menstrual e que podem durar, tipicamente, de cinco a 14 dias.

Em geral, pioram com a aproximação da menstruação e usualmente cessam de forma imediata, ou logo a seguir (um a dois dias) ao início do fluxo menstrual.

Tais observações são válidas em presença de um ciclo espontâneo, ovulatório, em ausência de intervenção farmacológica, hormonal e ingestão de drogas e álcool, os quais mascaram a progressão dos sintomas no curso do ciclo menstrual.

Os critérios utilizados para pesquisar a presença do TDPM, segundo o Manual Diagnóstico e Estatístico da Associação Psiquiátrica Americana são os seguintes:

A. Os sintomas devem ocorrer durante a semana anterior à menstruação e atenuarem poucos dias após o início desta. Cinco dos seguintes sintomas devem estar presentes e pelo menos um deles deve ser o de número 1, 2, 3, ou 4:

1. Humor deprimido, sentimentos de falta de esperança ou pensamentos autodepreciativos.

2. Ansiedade acentuada, tensão, sentimentos de estar com os "nervos à flor da pele".

3. Significativa instabilidade afetiva.

4. Raiva ou irritabilidade persistente e conflitos interpessoais aumentados.

5. Interesse diminuído pelas atividades habituais.

6. Sentimento subjetivo de dificuldade em se concentrar.

7. Letargia, fadiga fácil ou acentuada falta de energia.

8. Alteração acentuada do apetite, excessos alimentares ou avidez por determinados alimentos.

9. Hipersonia ou insônia.

10. Sentimentos subjetivos de descontrole emocional.

11. Outros sintomas físicos, como sensibilidade ou inchaço das mamas, dor de cabeça, dor articular ou muscular, sensação de inchaço geral "e ganho de peso".

B. Os sintomas devem interferir ou trazer prejuízo no trabalho, na escola, nas atividades cotidianas ou nos relacionamentos.

C. Os sintomas não devem ser apenas exacerbação de outras doenças.

Bem, mas voltando à nossa conhecida TPM, profissionais da saúde dizem que ela costuma atingir a grande maioria das mulheres em idade reprodutiva, especialmente aquelas que se encontram na faixa etária dos 20 aos 30 anos.

Porém, em muitos casos, esses sintomas podem aparecer somente após os 30 anos.

Existem mais de 150 sintomas associados a essa síndrome. Os mais conhecidos — e alguns já mencionados — são: alterações comportamentais como ansiedade, aumento da irritabilidade, tensão, fadiga, depressão e alterações no apetite. Ela também pode desencadear sintomas físicos como: retenção de líquido, dores musculares, dores de cabeça, sensibilidade nas mamas, entre muitos outros.

Algumas mulheres apresentam sintomas que variam de leves a moderados; contudo, há aquelas em que os sintomas se apresentam de forma tão intensa, que acabam interferindo, inevitavelmente, em sua qualidade de vida. Algumas podem chegar até a ficar incapacitadas de realizar suas funções rotineiras nesse período.

Tais sintomas costumam variar bastante de mulher para mulher. Além de suas diferentes manifestações entre as mulheres, a TPM pode se apresentar com sintomas diferenciados a cada novo ciclo da menstruação, o que geralmente dificulta seu diagnóstico.

A causa exata desse distúrbio ainda é desconhecida; contudo, já se sabe que nessa fase a mulher passa por desequilíbrios fisiológicos que podem afetá-la com maior ou menor intensidade. Desequilíbrio hormonal, deficiência nutricional e a oscilação de alguns neurotransmissores (substâncias químicas produzidas pelos neurônios, que são células do sistema nervoso, por meio das quais elas podem enviar informações a outras células), como a serotonina e a noradrenalina estão sendo estudados.

Sabe-se que mesmo as pacientes que passaram por histerectomia (remoção do útero) podem continuar a apresentar os sintomas da TPM; porém, tais sintomas desaparecem com a chegada da menopausa.

Embora não haja cura para essa síndrome, existem alguns cuidados paliativos que podem aliviar bastante os sintomas. Em alguns casos, a mudança dos hábitos alimentares e a prática de exercícios físicos ajudam a evitar a retenção de líquido e a aliviar o estresse.

Exercícios físicos, principalmente os aeróbicos, aumentam a produção de endorfina (substância natural produzida pelo cérebro em resposta à atividade física, proporcionando relaxamento, sedação natural e sensação de prazer).

Há casos em que será necessário recorrer a medicamentos antidepressivos ou ansiolíticos. Nos casos mais severos, podem ser administrados hormônios que induzam a menopausa prematura. Nestes casos, a orientação médica é indispensável.

Muitas vezes a TPM é confundida com problemas psiquiátricos como depressão, distimia, ansiedade generalizada, transtorno do pânico, transtorno bipolar. E também com causas médicas como anemia, sistúrbios autoimunes, hipotireoidismo, diabetes, epilepsia, endometriose, síndrome da fadiga crônica, doenças do colágeno.

A causa real da TPM não é conhecida, mas pelas características está relacionada à elevação do estrogênio (hormônio básico feminino) na fase pré-menstrual ou à queda da progesterona (hormônio feminino produzido pelos ovários). Contudo, esses dois fatores não são os únicos envolvidos: esses hormônios podem afetar as neurotransmissões e aí então causar os sintomas psiquiátricos.

A gente brinca com essa história de TPM, mas a coisa é séria. Portanto, querida leitora, se você tem entre 20 e 30 anos, comece a se prevenir e a se conhecer. Se já tem mais de 30 anos, vive tendo ataque histérico sem explicação, ou chorando em comercial de margarina, tome uma atitude imediatamente.

E um detalhe: o chocolate é excelente para suavizar os sintomas da TPM, porque durante a menstruação o nível de serotonina baixa muito, e o chocolate ajuda a levantar, entendeu? É por essa razão que mulher gosta tanto de comer chocolate, principalmente quando está triste, deprimida e na TPM.

Ah! Apesar de eu já ter mencionado que serotonina é um neurotransmissor, você não sabe exatamente o que é nem como ela atua no cérebro? Então prepare-se, pois vou cobrir você de informações sobre essa substância tão importante para nosso organismo.

A serotonina é um composto orgânico e foi encontrada primeiramente no sangue. Em 1948, a serotonina foi parcialmente purificada, cristalizada e nomeada. Mais tarde descobriu-se que a serotonina é amplamente encontrada em toda natureza, assim como em outras partes do corpo além do sangue.

Também foi encontrada serotonina no veneno de vespas e escorpiões (sentiu o poder?) e em uma variedade de alimentos, tais como abacaxi, banana, ameixa, noz, peru, presunto, leite e queijo. Além disso, a serotonina tem sido encontrada no intestino humano, plaquetas e no cérebro.

A serotonina desempenha um papel específico no organismo. É como um neurotransmissor no cérebro. A falta de serotonina no organismo pode resultar em carência de emoção racional, sentimentos de irritabilidade, crises de choro, alterações do sono e uma série de outros problemas emocionais.

Os médicos entendem que a serotonina é uma substância chamada de *neurotransmissor* e existe naturalmente em nosso cérebro. Sua função é conduzir a transmissão de uma célula nervosa (neurônio) para outra.

Atualmente a serotonina está intimamente relacionada aos *transtornos do humor*, ou *transtornos afetivos,* e a maioria dos medicamentos antidepressivos age produzindo um aumento da disponibilidade dessa substância no espaço entre um neurônio e outro.

A serotonina influi sobre quase todas as funções cerebrais, e seus níveis determinam se a pessoa está deprimida, propensa à violência, irritada, impulsiva ou gulosa.

Assim como a serotonina pode elevar o humor e produzir uma *sensação de bem-estar,* sua falta no cérebro ou anormalidades em seu metabolismo tem sido relacionada a condições neuropsíquicas bastante sérias, tais como o Mal de Parkinson, distonia neuromuscular, tremor familiar, síndrome das pernas inquietas, problemas com o sono etc.

Problemas psiquiátricos, tais como depressão, ansiedade, agressividade, comportamento compulsivo, problemas afetivos, dentre outros, também têm sido associados ao mau funcionamento do *sistema serotoninérgico.*

Com essa base fisiológica, alguns pesquisadores afirmam que aumentando os precursores naturais da serotonina pode-se, seguramente, elevar seus níveis e aliviar a depressão, a dor e o desejo por carboidratos.

Em meados do século 20, a medicina começou a suspeitar ser muito provável existirem substâncias químicas atuando no metabolismo cerebral capazes de proporcionar o estado depressivo.

Isso resultou nos conhecimentos atuais dos neurotransmissores e neurorreceptores, muitíssimo relacionados à atividade cerebral.

Também foram realizados testes em pacientes gravemente deprimidos, bem como em pacientes suicidas, constatando-se baixíssimos níveis da serotonina no líquido espinhal dessas pessoas.

Assim sendo, hoje em dia é mais correto acreditar que o paciente deprimido não é apenas uma pessoa triste, aliás, alguns deprimidos nem tristes ficam, sendo mais certo acreditar que o deprimido seja uma pessoa com um transtorno da afetividade, concomitante ou proporcionado por uma alteração nos *neurotransmissores* e *neurorreceptores*.

O transtorno afetivo mais típico é a depressão com todo seu quadro clínico conhecido, e são vários os fatores que contribuem para sua causa — entre eles destaca-se, cada vez mais, a importância da bioquímica cerebral. Os quadros ansiosos do tipo pânico, fobias, somatizações ou mesmo a ansiedade generalizada são problemas afetivos muito frequentes, e já se aceita que todos eles tenham como base psíquica as alterações da *Afetividade*.

Você conseguiu ler este capítulo inteiro? Suportou todas as siglas, as definições e informações científicas? Entendeu tudo? Achou que ficou complicado? São explicações importantes, úteis, porém chatinhas de ler?

Bem, é melhor a gente ficar com nosso chocolate, não é mesmo?

CAPÍTULO 3
Não aconteceu nada do que minha mãe falou

Foi curiosa a maneira como eu soube que a menstruação existia. Eu tinha 10 anos e nem sonhava que essas coisas aconteciam com mulheres: menstruação, TPM, cólicas, enxaquecas e todas as alterações hormonais detestáveis que isso acarretava.

Eu e minha irmã íamos juntas para o colégio todos os dias. Certo dia, aos 12 anos, ela acordou e não saiu da cama. Minha mãe disse que ela estava "doente" e que naquele dia faltaria à aula.

Olhei para a cara dela na cama e parecia que estava mesmo muito doente. "Destruída" seria a palavra mais adequada. Perguntei o que havia, ela me olhou com um sorriso que era uma mistura de sofrimento, inibição e "não fale comigo agora, por favor", e não houve resposta alguma. Nos dias que se seguiram, vi que minha mãe e ela ficavam de cochichos pelos cantos e fui achando tudo aquilo muito estranho. Sabia que elas estavam me escondendo alguma coisa, mas não sabia o que era. E tinha pavor de perguntar.

Atualmente uma menina de sete, oito anos é muitíssimo bem informada e já sabe de absolutamente tudo. Graças a Deus! E muitas têm a primeira menstruação aos 10, 11 anos. As mães conversam com elas, as escolas as preparam e as irmãs e amigas mais velhas se encarregam do resto. Sem falar em todas as informações que existem na TV, nas revistas e na Internet. Não há mistério. Na verdade, meninas de cinco, seis anos, já são "instrutoras" de menstruação.

Minha irmã ficou de cama dois dias e depois voltou às aulas. Nunca toquei no assunto por puro constrangimento. A gente só tinha dois anos de diferença de idade, mas pareciam uns 10, pois ela era muito madura, adulta, estudiosa, responsável, e eu era a "moleca", supercriançona.

Uma tarde, quando cheguei do colégio, minha mãe me levou para meu quarto e disse que precisava falar comigo. Jamais me esquecerei daquele dia, lembro-me de cada detalhe (eu tinha 10 anos). Ela disse: — Minha filha, eu preciso lhe contar uma coisa, antes que você fique sabendo de maneira errada por alguma coleguinha do colégio. Sabe, quando uma menina tem 12 ou 13 anos, acontece uma coisa chamada menstruação. Toda moça tem isso, não se preocupe. É apenas um pouquinho de sangue que sai de você como se fosse xixi, só que você não tem controle. Esse sangue sai durante uns três ou quatro dias, uma vez por mês, e para você não sujar a calcinha e a roupa, você tem que usar uma coisa chamada *Modess*. — Ela abriu uma gaveta e me mostrou um negócio estranhíssimo, branco, que parecia ser meio de pano, meio de papel. Era um trambolho retangular, com uns 20 centímetros de comprimento, uns quatro de largura e uns três de espessura, com uma aba comprida em cada ponta.

Disse-me que quando a menina começa a sangrar, é porque ficou "mocinha", e esse período divide a infância da adolescência. Falou que o Modess deveria ser colocado na calcinha, e para que não saísse do lugar, a gente tinha que usar um acessório chamado "Cintinho Modess". E me mostrou a "coisa". Era um cinto elástico cor-de--rosa, ridículo, que as moças colocavam na cintura, e nele havia duas presilhas no centro, uma na frente e outra atrás. Cada presilha prendia a ponta de cada aba do Modess e ele ficava preso ali (não muito), impossibilitado de sair do lugar quando a gente andasse e se movimentasse. Essas presilhas eram como as que prendem as meias de *nylon*, que hoje em dia são mais usadas para fetiches e fantasias sexuais, pois há anos já inventaram a meia-calça. Graças a Deus!

Bem, eu encarei tudo com muita naturalidade e entendi perfeitamente o que minha mãe me explicou. Foi então que ela me contou o real motivo de minha irmã ter faltado ao colégio uns dias antes. Havia ficado "mocinha" naquele dia, e estava com cólicas e enxaqueca. Era quase como uma doença.

Eu, então, pensei que ficar "mocinha" deveria ser horrível, pois minha irmã ficou dois dias de cama sofrendo dores e vomitando. Foi nesse instante que entendi por que todos os meses, em determinados dias, minha mãe amanhecia "doente" e ficava de cama três dias isolada no escuro do quarto, passando mal, com enxaquecas terríveis, só tomando chá e vomitando. Como ela sofria, meu Deus! Eu sempre achava que ela havia comido algo que lhe havia feito mal.

E no dia que minha mãe me fez todas essas revelações, ela disse que assim que essa história acontecesse comigo, que eu a avisasse imediatamente, pois havia algumas coisas que a gente não podia fazer de jeito nenhum quando menstruasse. Por exemplo:

1 — Se, quando estivesse menstruada, a mulher lavasse a cabeça, ficaria louca.

2 — Se tomasse sorvete ou algum líquido gelado teria uma "suspensão", ou seja, a menstruação pararia e isso acarretaria muitos problemas no organismo.

3 — Se fizesse exercícios físicos poderia passar mal e até morrer.

Nos dias de aula de educação física e prática de esportes no colégio, a gente levava um atestado médico comprovando estar "naqueles dias", e a professora então nos dispensava. Que absurdo! As mulheres que acreditavam nessas coisas e as seguiam à risca tinham uma vida muito limitada. E minha mãe seguia tudo como se fosse uma religião.

Eu não levei nada disso a sério e quando, aos 14 anos e um mês, "o evento" finalmente aconteceu comigo, não senti absolutamente nada: nem cólicas, nem enxaqueca, nem vomitei, nada. E não fiquei três ou quatro dias menstruada e sim 16. No primeiro dia entrei no banho e lavei a cabeça normalmente. Quando comuniquei minha mãe sobre o ocorrido, ao ver meu cabelo molhado, ela quase teve um ataque e, acredite se quiser, chamou nosso médico de família para me examinar. E o pior: ele veio. Inacreditável! Não passei mal, não tive suspensão nem fiquei louca (pelo menos eu acho que não).

Em nenhum momento de minha vida fiquei de cama, e sempre lavei a cabeça, tomei sorvete e fiz exercícios físicos. Eu deixava minha mãe louca com esse comportamento. E também nunca usei o tal Cintinho Modess. Recusava-me a ficar com aquilo embaixo da roupa; então, simplesmente colocava o Modess na calcinha e pronto. Mas no início isso tinha um preço: conforme eu andava o absorvente ia saindo do lugar, e quando eu o sentia ele estava em minhas costas, ou na barriga. Isso dependia se ele subia pela frente ou por trás de mim. Saía totalmente da calcinha e ia embora. E é claro que vazava tudo na roupa; e eu tinha que ir correndo para casa me trocar.

Depois de muitos problemas como esse, tive a ideia de passar cola na parte de trás do absorvente, e colava na calcinha. É lógico que depois tinha que jogar tudo fora, pois a cola grudava e não separava mais. Se eu tentasse puxar com muita força rasgava a calcinha.

Minha mãe achava um absurdo o que eu fazia. Ela insistia para que eu usasse o tal cintinho. Mas eu aperfeiçoei essa questão: mudei o tipo de cola, e colocava menos; com isso perdia poucas calcinhas.

Mas ainda assim, depois de lavadas, a mancha de cola ficava lá, denunciando minha invenção.

Tempos depois inventaram o absorvente "adesivo". Já vinha com uma cola própria, protegida por uma fita de papel. Mais ou menos como o *Band-Aid*. Meu Deus, como a indústria de absorventes demorou para perceber nossas necessidades! Se eu soubesse teria patenteado minha invenção quando passei cola no Modess pela primeira vez!

Bem, não aconteceu nada do que minha mãe falou, mas a verdade é que a primeira menstruação a gente nunca esquece. Eu não esqueci.

CAPÍTULO 4
Você pode matar pelo menos uma pessoa

Essa afirmação precisa ser explicada. Pelas leis dos países ocidentais, se uma pessoa matar outra e for ré primária, terá muitas atenuantes e se não houver flagrante poderá responder o processo em liberdade.

É lógico que não estou falando de crimes hediondos com requintes de crueldade, nem de chacinas premeditadas, ou ainda, de crimes do tipo "matou a família e foi ao cinema". E, também, se você matar uma pessoa, tiver antecedentes criminais e não for réu primário, o caso será tratado de outra forma.

Acho curiosa essa história de réu primário. Para mim fica parecendo que todo mundo tem o direito de matar pelo menos uma pessoa na vida. Eu poderia enumerar aqui centenas de casos — não só aqui no Brasil como em outros países — onde pessoas cometeram assassinatos, responderam o processo em liberdade e, muitas vezes, não foram presas apenas por serem primárias. Naturalmente porque tinham ótimos advogados.

O ponto onde quero chegar é que se, por exemplo, uma mulher matar o marido, for ré primária, e no julgamento seu advogado provar que no dia do crime ela estava na TPM e, portanto, "não tinha pleno domínio de suas faculdades mentais", o juiz e o júri poderão ser mais tolerantes e considerá-la inimputável. Que palavra feia! Ela significa que a pessoa não é responsável por seus atos.

Pesquisa feita num presídio feminino dos Estados Unidos mostrou que 50% das presas cometeram seus crimes fatais durante o período pré-menstrual, quando se manifesta a TPM. Entre as que causaram acidentes de trânsito, 52% estavam na mesma situação.

Nos Estados Unidos isso é muito comum. A mulher de TPM que comete qualquer tipo de crime é considerada uma transtornada, uma enlouquecida, alguém com um desvio de conduta grave, ainda que temporário, portanto não pode ser julgada como uma pessoa normal. Sua pena será menor e, muitas vezes, até será absolvida.

Já imaginou, cara leitora, se Osama Bin Laden fosse mulher? A gente brinca, mas isso é muito sério! Você já se sentiu transtornada em uma crise de TPM?

Vai me dizer que nunca fez um escândalo em um restaurante, que nunca quebrou nenhum objeto em sua casa, nem deu uns sopapos em seu marido? Nunca se pegou dizendo os maiores absurdos, aos berros, para seus filhos, para uma amiga ou um colega de trabalho, e no dia seguinte não soube como foi capaz de dizer aquilo?

Muitas vezes a mulher tem um ataque com alguém no meio da TPM; e, enquanto esbraveja, fica ouvindo a própria voz, e na mesma hora se arrepende do que diz. Acha tudo aquilo ridículo, mas não consegue parar de falar e gritar. Pois é, essas atitudes elevadas à enésima potência podem causar um assassinato.

Atenção maridos, namorados, amantes e ficantes: deixem a moça ter o ataque; não reajam, não se mexam, não movam um músculo de seus rostos, não falem nada, por mais que ela lhes deixem loucos da vida. E se a briga acontecer na cozinha (que é um lugar onde existem muitas facas), tomem cuidado. Evitem dar as costas para ela no momento da discussão, *ok*?

E você, cara leitora, quando estiver de TPM, jamais comece uma briga na cozinha, principalmente se não for primária.

CAPÍTULO 5
Quando os absorventes eram do tamanho de um Fusca

Antes de falar de absorventes, que tal a gente falar das famosas "toalhinhas íntimas"? Quem nunca ouviu falar vai cair para trás, e quem já ouviu falar também vai cair para trás só de lembrar que um dia isso existiu.

Aquelas que as usaram vão dar gargalhadas, se é que ainda existem mulheres dessa época sombria. Bem, acho que só Hebe Camargo e Dona Canô, mãe de Caetano e Bethânia.

Antigamente não existiam absorventes. As mulheres, quando ficavam menstruadas, usavam na calcinha umas toalhinhas pequenas, mais ou menos como essas de lavabo. Conseguem imaginar a situação? É claro que vazava todo o sangue para a roupa e, portanto, nesses dias elas não saíam de casa. E depois de usadas, as toalhinhas eram lavadas e estendidas em um varal, bem escondidas, para ninguém ver, a fim de as usarem novamente. Um processo parecido com as fraldas antigas de bebês.

Vejam como a natureza foi cruel com as mulheres! Além de sangrarem todos os meses, não tinham proteção adequada e ainda se envergonhavam de ficar menstruadas como se fosse uma doença contagiosa. Era o maior tabu e ninguém comentava sobre o assunto. Era como se isso não existisse.

Que fique claro que eu não sou do tempo das toalhinhas, *ok*? Conheço as histórias porque minha mãe me contava, pois ela nasceu em 1929 e, portanto, vivenciou os fatos.

As mulheres marcavam a data do casamento bem distante da data do ciclo menstrual. Primeiro, porque na noite de núpcias não poderiam estar "naqueles dias" por razões óbvias. E segundo, porque se tivessem a infelicidade das "regras" virem bem no dia do casamento, na viagem de lua de mel não teriam como lavar e secar as toalhinhas nos hotéis, ou onde quer que estivessem. E os maridos não poderiam ver essas coisinhas penduradas secando no banheiro. Isso era considerado um vexame extremo. E um marido desavisado poderia lavar as mãos e depois secá-las com os "absorventes jurássicos".

Sei de casos de mulheres que mudaram a data do casamento, já com os convites distribuídos, pois ficaram menstruadas antes do tempo por causa do nervosismo pré-nupcial. Como essas toalhinhas não absorviam nada, elas não poderiam sair para a lua de mel.

Bem, mas graças a Deus inventaram o absorvente, e na minha época só existia uma marca: Modess. E eram imensos, quase do tamanho de um Fusca.

Aquilo, colocado na calcinha das garotas, fazia com que muitas andassem quase de perna aberta. E ainda com aquele tal Cintinho Modess para prendê-lo no lugar, a maioria das mulheres só usava vestido, pois nas calças compridas marcava demais.

A evolução do absorvente foi, mais ou menos, como a do telefone celular que, quando surgiu, também era do tamanho de um Fusca; e depois foi ficando menor e bem mais eficiente.

Com o tempo apareceu uma nova marca de absorvente, mas as mulheres estavam tão acostumadas com o tal do Modess, que relutaram em usar outra marca. Depois surgiu uma terceira, uma quarta, uma quinta e hoje a gente tem infinitas opções, não só de marcas, mas de tipos e tamanhos: grandes, pequenos, minúsculos, ínfimos, microscópicos, diurnos, noturnos, com gel, sem gel, com perfume, sem perfume, com abas, sem abas e por aí vai.

Aliás, a invenção das abas demorou muito. Você concorda comigo, cara leitora? Como eram os homens que fabricavam os absorventes, acho que não faziam pesquisa com as mulheres. Para nós que usávamos o absorvente — dependendo da intensidade do fluxo —, o sangue vazava todo nas laterais da calcinha. Nossa! Como demorou a aparecer esse tipo de absorvente! Precisaram anos e anos de calcinhas vazadas nos cantinhos, roupas manchadas e muitos momentos desagradáveis para alguém se tocar que precisávamos de abas.

Quanto à invenção de perfume no absorvente, eu achei ridícula. Só há um aroma, repare. E é forte. Depois de um tempo todo mundo — homens, mulheres, crianças, gatos e cachorros — ficaram conhecendo o tal perfume; então, basta estar perto de uma mulher com um absorvente perfumado para saber que ela está menstruada. É a maior bandeira!

Amiga, agradeça a Deus pela enorme evolução dos absorventes, pois ela facilitou demais a sua vida, mas, por favor, fuja dos perfumados.

CAPÍTULO 6

Parecia tráfico de drogas

Nos anos 60, época em que vivi minha adolescência, ir a uma farmácia comprar absorvente era uma operação delicada, constrangedora e dificílima, e precisava de planejamento. Não era como hoje que todas as marcas e modelos de absorventes estão bem visíveis nas prateleiras das farmácias e supermercados, portanto basta escolher e ir ao caixa pagar. Isso era impensável naquela época.

O processo tinha várias etapas e funcionava mais ou menos assim:

ETAPA 1: Em casa você escrevia um bilhete com a frase "Senhor balconista, quero comprar um pacote de Modess".

ETAPA 2: No caminho você ia rezando para que, naquele dia, a farmácia de seu bairro tivesse uma balconista mulher naquele horário.

ETAPA 3: Você entrava na farmácia, e como quem não queria nada, ficava olhando a seção de perfumaria. Dava várias voltas e checava quem estava no balcão. Sempre era um homem que, no caso, poderia ser o balconista ou o dono da farmácia, que geralmente era mais velho e discreto.

ETAPA 4: Nessa hora, se você tivesse coragem e não desistisse, ia até o balcão, pedia para comprar uma aspirina e quando o homem a trazia você rapidamente entregava o bilhete dobrado. O homem lia sem olhar para você, e sem dizer uma palavra, ia para os fundos da farmácia onde os pacotes de absorventes ficavam "escondidos" e já embrulhados em um "papel de embrulho" cor-de-rosa. Ele voltava, entregava o pacote, você devolvia a aspirina, pagava os absorventes e ia embora tremendo e morrendo de vergonha.

Parecia tráfico de drogas, como a gente vê nos filmes e telejornais em que a pessoa chega, entrega a grana, o sujeito vai "lá atrás", volta e lhe dá um "pacotinho".

Todas as farmácias embrulhavam previamente os pacotes de Modess com o tal papel rosa e guardavam fora do alcance da vista de quem quer que fosse. E como era a única marca de absorvente que existia, todos os pacotes tinham o mesmo formato e tamanho, e por serem grandes não cabiam na bolsa. Então, todo mundo sabia o que era aquilo em sua mão quando você voltava a pé para casa.

Os caras mais cruéis que passavam de carro, quando viam você com aquilo na mão, gritavam com o rosto para fora da janela: "'tá menstruada', 'tá menstruada', 'tá menstruada'". A gente queria morrer!

Para evitar esses constrangimentos, as garotas passaram a ir com uma sacola de feira, ou com uma bolsa gigante, à farmácia na hora de fazer essa compra. Ou então compravam tudo o que precisavam no mesmo dia, pois assim o balconista tinha que colocar os produtos em um grande pacote. Dessa forma a moça evitava desfilar pela rua dando bandeira de sua menstruação.

Quando eu e minha irmã ficávamos menstruadas em dias diferentes, cada uma que se virasse e fosse à farmácia fazer a compra. Mas quando ficávamos na mesma época, era a maior briga para ver quem ia comprar.

Como irmã mais nova sempre perde, lá ia eu para o "tráfico de drogas". A gente rezava para que quando "ficássemos" houvesse em casa os absorventes de nossa mãe.

E quando ela "ficava", mandava a gente ir comprar, pois, afinal, ela era uma "senhora" de 39 anos e deveria ser poupada da situação.

Demorou para que as coisas ficassem mais simples e abertas; que os absorventes começassem a aparecer nos comerciais de TV, ficassem expostos nas gôndolas das farmácias e supermercados. Isso sem falar no surgimento do OB e do Tampax, que, embora muitas médicas digam que seu uso prolongado não seja saudável, facilitou a vida da mulher em todas as situações.

Querida leitora, você viveu alguma dessas situações? Como é engraçado lembrar esses episódios, não? Querida leitorinha, você não viveu nada disso? Como deve ser estranho pensar que um dia isso aconteceu, não? Passe adiante.

CAPÍTULO 7
Inimiga íntima

Dizem que mulheres que convivem muito tempo juntas em um escritório, em um time de vôlei, de basquete ou ainda no elenco de uma peça teatral, mais cedo ou mais tarde vão acabar menstruando na mesma época e, portanto, o ambiente vai virar um barril de pólvora. Acontecerá uma constelação de TPM de todos os tipos. Dizem e tenho comprovado que é verdade, por experiência própria.

Bruna Gasgon

Você já viveu essa situação? Convive diariamente com muitas mulheres no trabalho? Tem um grupo de amigas que não se desgruda? Divide um apartamento com amigas? Pratica algum esporte coletivo? É *gay* e mora com sua namorada? Se alguma resposta for sim, já deve ter notado que isso realmente acontece. É assustador. Coitados dos homens que trabalham nesses ambientes.

Elas ficam tão irritadas umas com as outras, que passam o dia todo discutindo, implicando, se digladiando por mesquinharias, tendo ataques ridículos ou chorando sem motivo algum. E quando chegam em casa estressadas, os maridos muitas vezes começam a ver pratos voando.

E entre mulheres *gays*? Já imaginou? Está lá o casal de namoradas que tem como melhores amigas mais dois casais de garotas. Então, são seis mulheres que estão sempre juntas. Um dia resolvem fazer uma viagem. Tenho pena daquela que não ficou de TPM junto com as outras. Vai conhecer o inferno!

E o pior é que todas sabem o que está acontecendo, mas — como já mencionei em um capítulo anterior —, a mulher não consegue controlar seus impulsos, sua agressividade, sua sensibilidade, sua vontade de arrumar encrenca.

Já presenciei cada situação em que, por alguns momentos, pensei que estava em um filme de Pedro Almodóvar.

A vantagem é que por mais irritadas ou sensíveis que estejam, apesar do tumulto, elas sabem lidar melhor com a situação do que um casal hétero, em que o homem NUNCA entende o que está acontecendo, e quando entende não tem paciência em contornar a situação, em ser carinhoso ou pelo menos "se fazer de morto" para não piorar as coisas.

Muitos homens acham que essa história de TPM é lenda, é um exagero feminino. *Hellooooo*!!!

Melhores amigas, irmãs, namoradas, podem tornar-se suas inimigas íntimas mortais durante a TPM. Depois, tudo passa, quando finalmente o fluxo vem e aí uma empresta um absorvente para a outra, e se consolam mutuamente.

E não adianta dizer: "minha TPM é muito forte, sei que esse mês magoei muitas pessoas, mas no próximo mês vou tentar me controlar". A mulher que diz isso não sabe o que está falando nem se conhece.

Não dá para controlar nada. Se você procurar ajuda médica, aí sim poderá ter alguma mudança, mas, caso contrário, vai ver o mesmo filme até seus 50 anos.

Leia, ou releia, o Capítulo 2 deste livro, por mais chato e técnico que ele seja. Mas, por favor, não o faça se estiver de TPM, pois, dessa forma, acho que você vai rasgar este livro.

CAPÍTULO 8
Avise as pessoas ao seu redor

Ter agenda é fundamental. Ela nos ajuda a organizar nossos compromissos pessoais e profissionais. Ajuda, também, a lembrar dos aniversários, a registrar as coisas boas que nos acontecem; enfim, é muito saudável ter uma agenda. Não importa se ela é de papel ou está no computador, contanto que você tenha uma.

A mulher que tem uma agenda anota tudo: cabeleireiro, médico, dentista, academia, reuniões de trabalho, depilação, primeiro beijo com o namorado novo, aniversário da sogra, do cunhado, menos a data de sua menstruação.

Aquelas que são reguladas, ou seja, ficam menstruadas sempre na mesma data, deveriam anotar o ciclo justamente para saber quando estarão de TPM. E, se caso esse dia mudar em algum mês, poderão saber por que estão tão estranhas fora de época.

E aquelas que não são reguladas, também devem anotar — pelos mesmos motivos —, com o agravante de que nesses casos as *tsunamis* podem acontecer a qualquer momento.

Mas o importante mesmo em anotar o ciclo na agenda é para poder avisar as pessoas que trabalham e convivem com você, que os ataques vão começar. É uma questão de compaixão com o próximo.

Se você avisa: — Gente, nos próximos dias, se eu fizer ou falar alguma coisa que magoe ou ofenda alguém, se eu discutir por coisas sem importância, se eu chorar à toa ou ficar repentinamente calada, deem um desconto, pois estarei de TPM. — É lógico que você precisa ter certo grau de intimidade com as pessoas para fazer um anúncio desses, mas será um serviço de utilidade pública.

Tenho uma amiga cujo comportamento sempre foi muito estranho. Estava tudo bem e de repente ela parava de falar. Ficava calada em um canto por algum tempo, depois demonstrava um profundo mau humor, e aí começava a dar patadas nas pessoas. Levou muito tempo até ela perceber que essa era sua TPM.

Você sabe como acontece uma *tsunami*? Primeiro o mar fica calmo e se retrai. Depois avança para a terra com uma força destruidora. Minha amiga era mais ou menos assim.

As pessoas a avisaram da mudança do seu comportamento e sugeriram que ela anotasse em uma agenda, até para ela mesma saber e poder entender o que acontecia, mas ela não anotava e todos os meses era aquela *tsunami* infernal.

Hoje, ela tem mais de 40 anos e ainda não sabe identificar sua TPM. Quando fica estranha, os desavisados perguntam: "O que você tem? Está estranha!" E ela sempre responde: "Não tenho nada, só estou quieta, me deixa". E depois de alguns minutos "sobra" para o namorado. Coitado do cara!

Para complicar a situação ela é uma mulher muito ciumenta e vê traição em tudo que ele faz.

Se você também é uma mulher ciumenta e tem TPM forte, tenho pena de seu namorado ou marido. Ele deve ser um homem muito infeliz, pelo menos uma vez por mês.

Tive uma colega de trabalho que morria de ciúmes de TODAS as mulheres que cruzassem o caminho de seu namorado, mas havia uma que a incomodava em especial. Era uma moça muito bonita que morava no mesmo prédio do rapaz. Eles se encontravam casualmente no elevador ou na piscina, e a minha colega cismou que o cara tinha "alguma coisa com ela". Ele não negava que achava a garota "supergata", mas não tinha nada com ela. E era verdade.

Um dia ele comentou com minha colega que a tal vizinha havia dito a ele que ao estacionar na garagem do prédio, tinha visto um risco enorme na lateral do carro dele. Ele ficou surpreso, pois não tinha visto nada. É que ele é desligado dessa história de carro, e a luz da garagem não era muito boa.

No dia seguinte, ele e minha amiga ciumenta iam viajar para Búzios. Ao chegarem lá, quando pararam na primeira praia e desceram do carro, com o sol batendo forte ele então viu o tal risco e falou: "olha, minha vizinha tinha razão! Alguém, por maldade, fez um risco enorme no meu carro!"

Mal sabia ele que ela estava de TPM, e que a simples menção do nome da moça iria acabar com uma deliciosa viagem, já no primeiro dia.

Ela fez um "escândalo", falou que ele era amante da moça; que ele a enganava; que ela era uma tonta em namorar um "galinha", que "blá-blá-blá"...

Ela não sabia que estava de TPM e ele muito menos.

Resumo da ópera: ela saiu louca da vida, deixou-o para trás e foi sozinha para a praia. Ele ficou muito chateado, não a seguiu e foi para outra praia. Mas ela não lembrou que todos os filtros solares e bonés estavam com ele. E ele achou que, por essa razão, ela iria procurá-lo. Só que ela não o fez e cometeu uma loucura, pois sendo loira de olhos azuis e estando o ano todo sem tomar sol, sabia que iria se dar mal no sol de quarenta graus do verão de Búzios. Foi quase suicídio. No final do dia, ao chegar à pousada, ele encontrou a namorada "carbonizada", com insolação e com febre alta deitada na cama do quarto.

O final é óbvio: foi parar no hospital, teve que ser medicada, passar Caladril no corpo todo e ficar sem se expor ao sol por vários dias. E onde quer que fosse, mesmo sem sol, tinha que passar filtro 60 no corpo todo. Estragaram as férias por causa de um risco na pintura do carro.

Fizeram as pazes, mas episódios como esse e outros muito piores acompanham esse casal há quase duas décadas. Ele suporta tudo, pois diz que a ama muito e passou ele mesmo a anotar em sua própria agenda a TPM dela. Ela não é regulada, então, quando ele percebe a formação da *tsunami*, já sabe como agir, procura ter paciência e tolerância, mas isso lhe custa caro em termos de estresse. Até quando um homem suporta uma mistura de ciúme doentio e TPM devastadora?

Portanto, repito: se você é uma mulher ciumenta e que tem forte TPM, anote a data em sua agenda, busque tratamento, faça terapia, pois um dia poderá acontecer uma tragédia em sua vida. Ou, no mínimo, vai perder um cara muito especial. Tolerância acaba e paciência tem limite.

Se hoje, ao ler este capítulo, você estiver de TPM, ou tomará consciência de sua condição e buscará soluções, ou vai me enviar um *e-mail*, enfurecida.

CAPÍTULO 9
A opção de não menstruar

Se pensarmos bem, para que serve a menstruação? Ninguém sabe responder essa questão, nem os médicos mais experientes. Mas como ela é uma coisa natural, a gente aceita e vai levando a vida.

Porém, doenças também são naturais e a gente não aceita. A morte é uma coisa natural e nós temos dificuldade em aceitá-la, principalmente a nossa.

Contudo, existem milhares de mulheres em todo o mundo que simplesmente decidiram não menstruar mais, utilizando o "recurso" da menstruação interrompida. Ele tem prós e contras e o tema é muito polêmico. Mas será que não faz mal para a saúde?

Suspender a menstruação já deu e ainda dá muito o que falar.

É exatamente por considerar a menstruação um ritual inútil, e até prejudicial à saúde da mulher, que o ginecologista baiano Elsimar Coutinho se apresentou como o primeiro defensor incondicional da interrupção definitiva do ciclo menstrual.

Aliás, os ginecologistas estão cada vez mais aderindo a essa ideia. Boa parte deles considera o sangramento mensal desnecessário, doloroso e incômodo à mulher.

O Dr. Elsimar corajosamente lançou, em 1996, o livro *Menstruação, a Sangria Inútil*. Há mais de 40 anos ele prega, aos quatro cantos do planeta, que a menstruação é uma tortura desnecessária. Inventou líquidos injetáveis, pílulas vaginais e implantes de hormônios que decretavam o fim da menstruação. Suas descobertas foram acatadas por legiões de mulheres como se recebessem sua alforria. Entre elas, a jornalista Marília Gabriela e a atriz Ana Paula Arósio.

A partir daí, surgiram diferentes medicamentos à base de hormônios que interrompem o ciclo com a promessa de reduzir chateações típicas "daqueles dias". O tema virou polêmica, dividiu a opinião dos médicos e, pior, confundiu a cabeça das mulheres. A boa notícia é que toda essa controvérsia serviu de estímulo à realização de um estudo científico que testou cada um desses métodos para responder definitivamente se vale a pena parar de menstruar.

Para Elsimar Coutinho, suspender a menstruação não só livra a mulher de um incômodo mensal, como é o melhor tratamento contra anemia, endometriose (inflamação do revestimento interno do útero), mioma (tumor benigno do útero), cólica e tensão pré-menstrual. Até existe certo consenso entre os especialistas quanto ao uso de hormônios para tratar doenças, mas boa parte deles discorda da prescrição para casos de TPM ou apenas pela praticidade de não menstruar mais.

Entre os principais motivos da turma do contra está o fato de que, com a suspensão, perde-se o papel sinalizador da menstruação de que o óvulo não foi fecundado ou, ainda, que tudo esteja correndo bem com o organismo — a ausência do sangramento regular pode indicar, por exemplo, problemas nas glândulas tireoide e suprarrenal. Eliezer Berenstein, autor do livro *A Inteligência Hormonal da Mulher*, também defende que o cérebro feminino é inundado por hormônios ao longo de todos os meses e, ao interromper a menstruação, a harmonia desse ciclo ficaria comprometida, interferindo até no temperamento da mulher.

Essas questões foram colocadas à prova num estudo científico do Centro de Apoio à Mulher com TPM, do Hospital das Clínicas de São Paulo, ligado à USP — Universidade de São Paulo. Durante dois anos, foram acompanhadas voluntárias que queriam bloquear a menstruação por sofrer de TPM intensa. O objetivo era verificar o nível de eficácia dos medicamentos disponíveis no mercado: checar se amenizavam os sintomas, interrompiam mesmo a menstruação e apresentavam efeitos colaterais. As moças foram divididas em grupos e se submeteram à injeção trimestral, pílula anticoncepcional utilizada sem interrupção e implante de progesterona.

Os primeiros resultados apontaram alguns dados decisivos: nenhum dos métodos adotados conseguiu interromper completamente a menstruação de todas as voluntárias — houve pequenos sangramentos irregulares chamados pelos ginecologistas de *spotting*. Nesse ponto, o que teve maior eficácia foi a injeção trimestral. No entanto, algumas mulheres engordaram de dois a seis quilos!

Em relação aos sintomas físicos da TPM (inchaço, cólica e dor de cabeça), o implante, que suspende a menstruação por até três anos, apresentou a melhor atuação. Vale destacar que sintomas emocionais como ansiedade e irritação foram melhor combatidos com antidepressivos.

Portanto, se você está pensando seriamente nessa questão e pretende entrar no esquema da "Menstruação Interrompida", consulte seu ginecologista, ouça o que ele tem a dizer e procure sempre se cercar de especialistas conscienciosos que saibam exatamente o que estão fazendo.

CAPÍTULO 10
Os absurdos que passamos para cuidar da saúde

Seria muito interessante se os homens lessem este capítulo em especial para terem uma noção da rotina de exames que as mulheres têm que fazer para cuidar da saúde.

Para explicar um desses exames, vou dar um exemplo simbólico: uma pessoa pega dois melões pequenos, médios ou grandes, bem maduros, os coloca em uma prensa e pressiona bem até que eles fiquem esmagados e com dois centímetros de espessura. Ao tirar a prensa, os melões devem voltar ao normal sem arrebentar. Se os melões tiverem entre 40 e 45 anos, esse procedimento deve ser repetido pelo menos uma vez por ano, e, em muitos casos, duas.

Foi esta a maneira que encontrei para explicar o que passamos ao fazer mamografia. Neste exemplo, substituí nossos seios pelos melões, mas o resto é tudo igual. Depois de muito manuseados, mexidos e espremidos, ao saírem da prensa (mamógrafo) nossos seios devem voltar ao normal, "lindos e loiros". Não mencionei a dor e o desconforto das diversas posições, para não assustar as jovens que ainda não viveram essa incrível e surreal experiência.

A mamografia é um exame de diagnóstico por imagem, que tem como finalidade estudar o tecido mamário. Esse tipo de exame pode detectar um nódulo, mesmo que este ainda não seja palpável.

Para tanto é utilizado um equipamento que utiliza uma fonte de Raios X, para a obtenção de imagens radiográficas do tecido mamário.

Geralmente é aconselhado fazer a mamografia uma vez por ano para mulheres a partir dos 40 anos, porém, depende do histórico de cada uma.

Você, que ainda não chegou nessa idade e nunca fez, prepare-se, pois a coisa não é para qualquer uma.

Acho a mamografia supernecessária, e sabemos que salva muitas vidas todos os anos no mundo todo, porque faz um diagnótico precoce de câncer de mama. Mas será que não vão inventar um exame menos *punk*? A medicina está tão avançada; a tecnologia está tão sofisticada e esse exame é o mesmo há séculos! Não dá para entender por que não aparece um procedimento mais simples e menos doloroso. É uma coisa da câmara de tortura da Era Medieval!

Depois que somos "espremidas", e temos nossas costelas e clavículas quase fraturadas pela máquina, ainda temos que segurar a respiração para que a radiologista faça os exames de Raios X.

E são várias posições, a gente tem que ser contorcionista: de frente, de lado, com a cabeça, o pescoço e o queixo grudados no aparelho, braços levantados, mãos na cintura, enfim, é um horror necessário.

Fazendo aqui um "aparte", imagine se os homens tivessem que fazer algum tipo de exame semelhante nos testículos, por exemplo. O radiologista, depois de mexer bem neles, apalpá-los e manuseá-los, os colocaria no "testilógrafo", os esmagariam até ficarem bem espremidinhos e pediriam para o sujeito segurar a respiração por alguns segundos antes de fazer os Raios X. Tenho certeza que nenhum homem suportaria isso. Fugiriam, é logico. É uma luta para que eles façam exame de próstata, que é bem mais simples, imagine se esse exame de testículos existisse!

Bem, voltando para a saúde ginecológica da mulher, outro exame fundamental é o Papanicolau. Alguns homens desinformados costumam pensar que esse era o nome de um Papa, do século 19, chamado Nicolau. E isso não é uma piada, acredite se quiser.

Na verdade o exame tem esse nome porque foi criado pelo médico grego, Dr. George Papanicolaou (com "aou" mesmo), em 1940. O sucesso do teste dá-se porque ele pode detectar doenças que ocorrem no colo do útero antes do desenvolvimento do câncer.

Acho o Papanicolau uma das coisas mais desagradáveis que conheço, mas é muito importante para a manutenção da saúde, e é o exame que previne o câncer de colo uterino. Deve ser realizado pelo menos uma vez por ano em todas as mulheres com vida sexualmente ativa.

Consiste na coleta de material do colo uterino para exame em laboratório. Os médicos dizem que é um exame simples (simples para quem?) e barato, porém algumas mulheres ainda resistem em realizá-lo por medo ou vergonha. Lógico!

Imagine a cena na primeira vez em que uma mulher vai fazer esse exame: ela entra em um lugar onde nunca esteve e é atendida por um estranho. Tira TODA a roupa e coloca um roupão aberto na frente. Depois deita em uma cama esquisitíssima, levanta as pernas e as abre totalmente, apoiando suas panturrilhas em um suporte bem acima do nível da cama. O tal estranho para de pé ao seu lado, abre a parte de cima do roupão e começa a apalpar meticulosamente seus seios, os quais ele prefere chamar de mamas.

Depois o estranho coloca luvas cirúrgicas descartáveis e faz o exame externo da vulva (esse nome dá até medo, não dá?). Na sequência, penetra a moça com dois dedos de uma das mãos e vai remexendo lá dentro, enquanto com a outra mão pressiona profundamente seu abdome.

É quase um *roto rooter* ginecológico.

Na sequência, ele senta-se na frente na moça, entre suas pernas, bem de cara para "você sabe o quê". Aí introduz um instrumento chamado espéculo pelo canal vaginal para que possa visualizá-lo e também ao colo do útero (parte final do útero) do qual serão colhidas as células para o exame microscópico. Isso significa que nesse momento a mulher fica "escancarada". Ao final do exame quando o estranho retira o espéculo, a sensação é melhor que fazer compras no shopping.

O espéculo é um instrumento também conhecido como "bico de pato", (sentiu o drama?) devido ao seu formato. É como se fosse um pegador de gelo com as pontas em forma de bico, e que, em vez de fazer o movimento de pinça, faz o movimento contrário. Ele apresenta três tamanhos diferentes e será escolhido de acordo com o tamanho de cada paciente, o número de filhos etc. Virgens também podem realizar o exame e, para elas, existe o virgoscópio (o quê?), espéculo de tamanho especial.

Assim, as células do colo do útero são colhidas por meio de uma espátula (haste de madeira) e de uma escova bem pequena. Essas células são colocadas numa lâmina que é enviada para um laboratório especializado em citopatologia (estudo das células e suas alterações em casos patológicos).

O resultado deve ser interpretado pelo médico, que deve explicá-lo à paciente. O Papanicolau também serve para determinar outras condições de saúde do corpo feminino, tais como nível hormonal, doenças da vagina e do colo do útero. O exame incomoda um pouco (um pouco?). Por isso, é preciso estar relaxada (relaxada?). Quanto mais relaxada, menos incômodo e menos dor a mulher sentirá.

Gente, alguém consegue relaxar nessa situação, com uma pessoa estranha penetrando você com os dedos, apalpando e enfiando um "bico de pato"?

Se existe alguma mulher que consiga relaxar nesse exame, me mande um *e-mail*, por favor, pois quero colher seu depoimento.

(*) Se você for sadomasoquista deve adorar esse exame e relaxar bastante, então seu depoimento não terá validade, mas pode me escrever mesmo assim.

Agora, voltando a falar supersério, se você conhece alguma mulher que ainda não fez esse exame, converse com ela sobre sua importância. Lembre-se que a prevenção é sempre o melhor remédio! Só não a deixe ler esta parte de meu livro, pois vai assustá-la. Nesse exame, é interessante a mulher ir sem saber dos detalhes, pois, caso contrário, ela poderá desistir.

A primeira vez que eu fiz não sabia como era e fiquei horrorizada durante um ano, até chegar a hora de fazê-lo novamente. A gente nunca se acostuma.

Estou com a mesma ginecologista há mais de 20 anos. Ela é bárbara, me conhece do avesso e, mesmo assim, não consigo relaxar e continuo achando um horror. Mas jamais deixo de fazer, pois a minha saúde é tudo para mim.

Nos últimos 50 anos a incidência e a mortalidade por câncer de colo uterino vêm diminuindo, graças às novas técnicas de rastreamento do exame de Papanicolau. Por isso, ele é um dos mais importantes exames para prevenção da saúde da mulher.

O exame não é somente uma maneira de diagnosticar a doença, mas serve principalmente para determinar o risco de uma mulher vir a desenvolver o câncer.

Todas as mulheres que são, ou que tenham sido, em algum momento, sexualmente ativas e que tenham o colo do útero, devem fazer o exame anualmente. A frequência de realização do exame será estabelecida depois pelo médico, de acordo com os resultados.

Fatores de risco para o desenvolvimento de câncer de colo do útero:

1 — Início precoce da atividade sexual.

2 — Número elevado de parceiros sexuais.

3 — Multiparidade (ter tido vários filhos).

4 — Antecedentes de doença sexualmente transmissível.

5 — Falta de higiene pessoal.

Ele deve ser realizado (se possível) uma semana antes da menstruação, evitando-se antes a colocação de cremes vaginais e relações sexuais três dias antes do exame.

Outro exame também muito importante é a Ultrassonografia Transvaginal. Esse exame não dói, mas, em minha opinião, é muito constrangedor.

A mulher tira a parte de baixo da roupa, coloca uma "saia hospitalar", deita-se em uma cama e fica na mesma posição do Papanicolau. Na sequência o médico pega um instrumento que parece um vibrador gigante, ligado por um fio ao aparelho de ultrassom e coloca nele uma camisinha. Isso mesmo, um preservativo, pois esse aparelho vai entrar em centenas de mulheres por semana, então, todo cuidado é pouco.

Então, o doutor, sentado na lateral, fica passeando com aquilo dentro da mulher, em movimentos circulares, e vendo as imagens do útero e da vagina através do monitor do computador. Digamos que seja um *videogame* ginecológico.

Citei apenas três dos exames mais importantes que todas as mulheres devem e precisam fazer, de acordo com a idade, o problema e a recomendação médica.

Eu sempre tento tratar desses assuntos com bom humor, para suavizar o tema, mas a coisa é seriíssima. Cuide-se, querida leitora, e oriente suas filhas. Todo o desconforto vale sua vida.

CAPÍTULO 11
Quando os hormônios assassinos morrem

Quando os ovários começam a diminuir seu ritmo de funcionamento, entre 45 e 55 anos, o período menstrual torna-se irregular. A menstruação cessa definitivamente no momento em que os ovários deixam de produzir os hormônios femininos chamados *estrógeno* e *progesterona*. É a chegada da menopausa.

As mulheres reclamam a vida toda da menstruação, das cólicas, dos inchaços, da TPM, do desconforto geral, mas quando chega o momento em que tudo isso acaba, surgem outros sintomas também muito desagradáveis. Vamos falar sobre isso? Quais são esses sintomas?

Embora algumas mulheres não apresentem nenhum sinal de que estão na menopausa, a grande maioria evidencia sintomas como: ondas de calor (ou fogachos), suores noturnos, insônia, irritabilidade, diminuição do desejo sexual, ressecamento vaginal, dor durante o ato sexual, depressão, diminuição da atenção e da memória. Quais as causas dos sintomas?

A produção do estrógeno, hormônio sexual feminino, começa na adolescência e é responsável pelo aparecimento dos sinais sexuais secundários na mulher, como crescimento de pelos, desenvolvimento das mamas, alargamento do quadril. O estrógeno é produzido até a menopausa.

Em aproximadamente 80% das mulheres, a ausência desse hormônio é responsável pelas ondas de calor, pela secura vaginal, que inibe o desejo sexual (pois torna as relações desconfortáveis) e pela alteração de humor, quando a mulher apresenta crises de irritabilidade e depressão. Como é feito o diagnóstico?

A transição entre a fase reprodutiva e a não reprodutiva da mulher é chamada de climatério, e estende-se dos 40 aos 65 anos, em média. A menopausa é um acontecimento importante dessa transição.

Os médicos especialistas em acompanhar a mulher nesse período da vida dividem o climatério em duas fases:

1 — *fase pré-menopáusica* (antes da menopausa), quando se iniciam as alterações da ovulação, surgem as falhas menstruais e os sintomas associados à menopausa, como calores e irritabilidade.

2 — *fase pós-menopáusica* (após a menopausa), quando ocorre uma redução intensa e progressiva da produção do hormônio sexual feminino, o estrógeno.

Com base nessa classificação, associada a um exame clínico e a um exame laboratorial, e na troca de informações sobre os sintomas com a paciente, o médico poderá estabelecer a chegada da menopausa e, se for necessário, prescrever uma medicação para o alívio dos sintomas.

Como tratar?

É importante conversar com seu médico sobre a Terapia de Reposição Hormonal (TRH), avaliada em importantes estudos nacionais e internacionais nos últimos anos, quanto aos seus resultados na prescrição de longo prazo. Somente o médico poderá estabelecer a necessidade da TRH, prescrevê-la e acompanhar a mulher durante o tratamento, independentemente de a opção ser o hormônio sintético ou uma fórmula fitoterápica (natural, contendo isoflavona, por exemplo).

Qualquer que seja a opção do médico, fique certa de que o acompanhamento do especialista no climatério é fundamental para garantir saúde, bem-estar e longevidade, com qualidade de vida. Afinal, muito mais do que em qualquer outra época, a vida pode começar, sim, nos 40, 50, 60 anos. Só depende de cada mulher.

Dúvidas frequentes:

1 — *A menopausa pode ser considerada como um distúrbio de saúde ou até mesmo uma doença?*

Não. É importante saber que a menopausa não é uma doença, mas uma nova fase na vida da mulher, que pode ser vivida de modo pleno e saudável: mais madura, com mais tempo para si mesma, maior independência e tranquilidade.

2 — *Os sintomas da menopausa são semelhantes para todas as mulheres?*
Não. Os sintomas da menopausa podem variar muito de mulher para mulher em intensidade e frequência. Na grande maioria dos casos, sintomas como fogachos, insônia e irritabilidade são transitórios, ou seja, tendem a desaparecer com o passar dos anos e o acompanhamento médico correto.

3 — *Por que nessa fase da vida da mulher pode ocorrer a osteoporose?*
Talvez você não saiba, mas o estrógeno também é responsável pela fixação do cálcio nos ossos. Vem daí a importância do acompanhamento médico antes, du-

rante e após a menopausa na prevenção da osteoporose, doença que enfraquece os ossos, aumentando o risco de fraturas.

Lembre-se de que a visita periódica ao médico é insubstituível para o acompanhamento da menopausa: somente ele pode avaliar a intensidade dos sintomas, quando existem, e prescrever a terapia específica para o seu caso.

Isso tudo significa que, em se tratando de hormônios, a mulher sempre vai ter problemas e terá que se cuidar muito: na adolescência antes da primeira menstruação; na fase adulta e fértil, e na menopausa.

Nessas três fases é preciso ter autoconhecimento, informar-se muito sobre esses assuntos, procurar bons médicos e buscar uma das coisas mais importantes que existem: qualidade de vida.

CONCLUSÃO:
Mulher sangra a vida toda e não morre

Eu estava em uma festa conversando com um grupo de amigas e amigos, quando um dos rapazes falou a abominável frase: "Mulher é um bicho estranho. Sangra a vida toda e não morre". Os homens presentes gargalharam e as mulheres ficaram paradas olhando para a cara dele. Foi constrangedor.

Dizer uma coisa dessas, mesmo que de brincadeira, na presença de mulheres, além do desrespeito mostra uma tremenda ignorância sobre o universo feminino e todos os seus desdobramentos.

Sim, nós sangramos a vida toda e não morremos.

Fico imaginando o que aconteceria se eles passassem por isso. São muito fraquinhos para suportar dor e para ver sangue. Mal conseguem ir ao dentista de tanto medo e não aguentam ver sangue em um simples corte no dedo. Mesmo que esse dedo não seja o deles.

Quantos amigos você tem, ou quantos casos você conhece de homens que ao tentarem filmar o parto ou a cesariana da esposa, simplesmente desmaiaram na sala de cirurgia e tiveram que ser socorridos? Os que não desmaiam passam mal, vomitam ou saem correndo. Eu conheço tantos casos que daria um livro só sobre esse assunto.

Sim, nós sangramos a vida toda e não morremos.

Inclusive, ao contrário do que se pensa, muitas mulheres sangram, menstruam normalmente, mesmo quando estão grávidas. Tenho uma prima, por parte de pai, que tem dois filhos, hoje já adultos. Quando eu tinha vinte e poucos anos ela me contou que menstruou os nove meses das duas gravidezes. Na época eu desconhecia esse fato e fiquei muito surpresa.

Sei de casos, alguns até famosos divulgados na imprensa, de mulheres que estavam grávidas e não sabiam, pois tinham o ciclo normal todos os meses.

Houve o caso de uma atleta, dessas bem fortes, robustas, que fazem arremesso de peso que começou a sentir-se mal após uma competição, foi levada ao hospital e, de repente, teve um bebê. Ela simplesmente não sabia que estava grávida, pois menstruava normalmente!

Talvez se tivesse outro biotipo, fosse alta e magra, percebesse a barriga crescer, mas ela já era bem gorda e achou apenas que estava engordando um pouco mais.

Noutra situação, uma moça que também se sentiu mal, foi ao médico e recebeu a notícia de que estava grávida de cinco meses. E estava menstruando todos os meses.

Portanto, fique atenta. Ter o ciclo menstrual normal faz a mulher pensar que não está grávida e, então, não tomará as providências necessárias que a gestação exige. Vai, inclusive, continuar tomando seus remédios normalmente, e isso muitas vezes pode levar à perda do bebê e até mesmo a uma enorme complicação tanto para ela quanto para o feto.

(*) É claro que só deve se preocupar com essa questão, aquelas que têm relações sexuais frequentes e acham que, em algum momento, deram um "vacilo" com o parceiro na prevenção da gravidez. Poderão continuar com o ciclo mensal e estarem grávidas sem saber, *ok*?

Sim, nós sangramos a vida toda e não morremos.

E quando a mulher está feliz da vida porque está grávida e inesperadamente sofre um aborto espontâneo e indesejado?

Tem hemorragia, sofre, vai para o hospital e, dependendo do tempo de gravidez, poderá ter muitas complicações. Além de padecer toda a dor da perda do filho. Mas tenta novamente, e, em alguns casos, com uma gravidez de risco para ela. E às vezes perde o filho novamente.

Tenho uma amiga que fez três tentativas, perdeu três bebês, perdeu muito sangue todas as vezes, mas não perdeu a esperança e teve seu filho na quarta gravidez, contrariando todas as expectativas.

É assim que funciona a natureza feminina: menstruação todos os meses, gravidez, parto, cesariana, abortos espontâneos, cirurgias de útero, de ovário, e o sangue sempre estará lá.

Se parar de sangrar e por isso achar que está grávida e não estiver, mau sinal. Se sangrar já na menopausa, ops! Problemas à vista.

E isso tudo para a mulher é normal. Desde pequena ela já sabe que essas coisas farão parte de sua vida e tudo bem. Vai crescendo e vendo isso acontecer com a mãe, com as tias, com as amigas da mãe, depois com suas próprias amigas e um dia começa a acontecer com ela.

E está sempre preparada, sempre otimista, sempre com soluções positivas, sempre trabalhando fora, sempre cuidando do marido, dos filhos e da casa. Se a gente pensar bem, mulher é realmente um bicho estranho.

Sangra a vida toda, não morre, não desanima e não desiste nunca.

Ainda bem, não é? Caso contrário, o que seria dos homens, afinal eles nascem da mulher!

Cara leitora, eu espero que neste livro você tenha obtido alguma informação que não conhecia, que tenha se animado a fazer algum exame que nunca fez, que cuide melhor de sua saúde, principalmente na "prevenção" de doenças, que saiba lidar com sua TPM, que exija respeito em qualquer situação e que encare tudo o que leu com o mesmo bom humor com que eu escrevi, pois eu o fiz pensando em você.

Um grande abraço.

BRUNA GASGON